BEI GRIN MACHT SICH IHR WISSEN BEZAHLT

Trainingsplanung. Körperfettreduzierung, Aufbau von Muskelmasse und Kraftsteigerung

Moritz Dittmer

Bibliografische Information der Deutschen Nationalbibliothek:

Die Deutsche Nationalbibliothek verzeichnet diese Publikation in der Deutschen Nationalbibliografie; detaillierte bibliografische Daten sind im Internet über http://dnb.d-nb.de abrufbar.

ISBN: 9783346590565
Dieses Buch ist auch als E-Book erhältlich.

Druck und Bindung: Books on Demand GmbH, Norderstedt Germany
Gedruckt auf säurefreiem Papier aus verantwortungsvollen Quellen

Das vorliegende Werk wurde sorgfältig erarbeitet. Dennoch übernehmen Autoren und Verlag für die Richtigkeit von Angaben, Hinweisen, Links und Ratschlägen sowie eventuelle Druckfehler keine Haftung.

Das Buch bei GRIN: https://www.grin.com/document/1169424

Deutsche Hochschule für

Prävention und Gesundheitsmanagement

Hermann Neuberger Sportschule 3

66123 Saarbrücken

Einsendeaufgabe

Fachmodul:	Trainingslehre 1
Studiengang:	Fitnessökonomie
Datum Präsenzphase:	17.02.-20.02.2020
Name, Vorname:	Dittmer, Moritz
Studienort:	**Köln**
Semester:	**WS 2019**

Inhaltsverzeichnis

1   TEILAUFGABE 1 - DIAGNOSE 3

1.1   Allgemeine und biometrischen Daten...3

1.2   Krafttestung 4

2   TEILAUFGABE 2- ZIELSETZUNG/PROGNOSE 6

3   TEILAUFGABE 3 - TRAININGSPLANUNG MAKROZYKLUS 8

4   TEILAUFGABE 4 – TRAININGSPLANUNG MESOZYKLUS 11

5   TEILAUFGABE 5 – LITERATURRECHERCHE ZU DEN EFFEKTEN DES
KRAFTTRAININGS BEI RÜCKENBESCHWERDEN... 14

5.1   Primärquelle II..14

5.2   Primärquelle II..15

6   LITERATURVERZEICHNIS 17

7   ABBILDUNGS- UND TABELLENVERZEICHNIS...................................... 17

7.1   Tabellenverzeichnis 17

1 Teilaufgabe 1 - Diagnose

1.1 Allgemeine und biometrische Daten

Alter	20
Geschlecht	Weiblich
Körpergröße	168cm
Körpergewicht	58 kg
Muskelmasse (BIA-Messung)	40,9 kg
Trainingsmotive	Körperformung, Muskelaufbau, stärker werden
Berufliche Tätigkeit	Studentin
Sportliche Aktivitäten	Seit 10 Jahren 2mal die Woche Reiten seit 2 Jahren Krafttraining im Fitnessstudio ohne richtige Planung
Zeitlicher Verfügungsrahmen	3-mal die Woche
Blutdruck	Systolischer Druck 122 mmHg Diastolischer Druck 76 mmHg
Einnahme von Medikamenten	Antibabypille
Gesundheitszustand	Vermehrt Rückenschmerzen im Bereich der Hals- und Brustwirbelsäule

Tab. 1 Definition und Klassifikation der Blutdruckstufen (mm Hg) (Professor Dr. med. Hermann Haller, 2006; zitiert nach Wolfgang Piper, 2013, Kap. 1.4.1)

Kategorie	Systolischer Druck (mmHg)	Diastolischer Druck (mmHg)
Optimal	< 120	< 80
Normal	120–129	80–84
Noch normal	130–139	85–89
Stufe-1-Hypertonie (mild)	140–159	90–99
Stufe-2-Hypertonie (mittel)	160–179	100–109
Stufe-3-Hypertonie (stark)	≥180	≥110

Die Testperson hat einen Blutdruck 125mmHg zu 82mmHg. Diesen Blutdruck kann man, nach Professor Dr. med. Hermann Haller (2006), in die Kategorie des normalen Blutdrucks einordnen.

Da die Testperson weder einen erhöhten Blutdruck, noch irgendwelche schwere körperlichen oder gesundheitlichen Einschränkungen hat, ist es möglich die Testperson einer erhöhten Belastung beim Krafttraining auszusetzen. Die Schmerzen im Brust- und Halswirbelsäulenbereich lassen sich auf eine schlechte Haltung zurückverfolgen. Außerdem verfügt die Person bereits seit 2 Jahren über Erfahrung im Krafttraining und ist somit an die Belastungen beim Krafttraining gewöhnt. Ein Krafttraining mit Schwerpunkten in den Bereichen Kraftausdauer und Hypertrophie ist hierbei zu empfehlen, um Muskelaufbau und Körperformung zu bewirken. Trainingsintensitäten können aufgrund bereits gemachter Erfahrungen etwas höher dosiert werden.

1.2 Krafttestung

Die Testperson verfügt bereits über Erfahrungen im Krafttraining, aus diesem Grund wurde eine deduktive Methode der Krafttestung gewählt. Um eine Optimale Trainingsintensität für das Training der Testperson herauszufinden, wurde der Mehrwiederholungskrafttest ausgewählt. Hierbei wird nach Marschall und Fröhlich (1999) „nicht die Maximalkraft, sondern, die mit einer bestimmten Wiederholungsanzahl erreichte Beanspruchung der Muskulatur als Grundlage für die Belastungsdosierung" gewählt.

Vor der eigentlichen Krafttestung wurde ein allgemeines und ein spezielles Aufwärmprogramm absolviert.

Durch das allgemeine Aufwärmen, wie in diesem Fall durch 10 Minuten Laufen auf dem Laufband, soll vor allem die Körperkerntemperatur erhöht werden. Dies hat die Durchblutung der Muskulatur zur Folge und damit geht eine Zunahme der Muskelkontraktionsgeschwindigkeit einher, dies dient außerdem als Verletzungsprophylaxe. Ein weiterer Grund ist die Mobilisation des Herz- Kreislauf- Systems, hier wird durch die Zunahme der Herzfrequenz ein schnelleres Zirkulieren des Blutes bewirkt. (McGowan, 2015) Was außerdem zum allgemeinen Aufwärmen gehört ist die psychische Einstimmung, wie Motivation und Konzentration. Der Trainingserfolg wird durch eine positive Einstellung zum Training und eine Fokussierung auf die Übungen erhöht.

Nach dem allgemeinen Aufwärmen erfolgt noch vor jeder Übung ein spezielles Aufwärmen. Je nach der Komplexität der Übungsausführung werden entweder zwei oder ein Aufwärmsatz der Übung gemacht. Die Intensität der Aufwärmsätze sollte zwischen 50-80% des Arbeitsgewichts liegen. Wichtig hierbei ist, dass eine vorzeitige Laktatbildung verhindert werden muss. Bei dieser Kraftmessung wurde vor nicht so komplexen Übungen ein Satz mit Zehn Wiederholungen mit 50% des Arbeitsgewichts durchgeführt. Bei koordinativ schwierigeren Übungen wurden zwei Aufwärmsätze mit 50% und 70% des Arbeitsgewichts ausgeführt.

Bei dem Mehrwiederholungskrafttest handelt es sich in diesem Fall um den 10-RM-Test. Dies bedeutet, die Testperson versucht in maximal drei Testsätzen, das maximal größte Gewicht für 10 Wiederholungen herauszufinden. Die Time under Tension beträgt dabei zwei Sekunden konzentrische Bewegung und zwei Sekunden exzentrische Bewegung (2/0/2). Die Pausenzeit zwischen den Testsätzen beträgt 3 Minuten.

Da die Testperson seit 2 Jahren Krafttraining durchführt, kann davon ausgegangen werden, dass die Bewegungsabläufe der ausgewählten Übungen bekannt sind. Der Mehrwiederholungskrafttest wird mit der Wiederholunganzahl, hier mit 10 Wiederholungen, durchgeführt, mit der die Testperson im nachfolgenden Trainingsplan trainieren soll. In diesem Fall hat die Testperson Körperformung und Muskelaufbau als Ziel, somit startet der Makrozyklus mit einem Hypertrophie Mesozyklus.

Die Startgewichte für den ersten Testsatz können, aufgrund von zwei Jahren Trainingserfahrung, von der Testperson selber festgelegt werden. Bei den darauffolgenden Testsätzen wurde das Gewicht durch die Selbsteinschätzung der Testperson festgelegt.

Die Übungsauswahl erfolgte durch den Trainer, mit Hinblick auf ein Ganzkörpertraining.

Tab. 2 Testergebnisse des Mehrwiederholungskrafttest (10-RM-Test)

Testübung	1.Testsatz	2.Testsatz	3.Testsatz	Endergebnis
10 Wiederholungen				
Beinpresse im sitzen 45 Grad	120kg	140kg	150kg	150kg
Ausfallschritt mit Kurzhanteln (statisch)	20kg	25kg	30kg (6Wdh)	25kg
Langhantel Flachbankdrücken	30kg	32,5kg	35kg	35kg

Butterfly an der Maschine	10kg	20kg	25kg (5Wdh)	20kg
Freies Langhantel Rudern (Langhantel)	20kg	25kg	30kg	30kg
Latzug in den Nacken am Turm	30kg	35kg	40kg (5Wdh)	35kg
Bauchpresse an der Maschine	5kg	7,5kg	10kg	10kg
Hyperextensions an der 45 Grad Schrägbank	10kg	15kg	20kg	20kg

Mit den Werten, beziehungsweise mit den Gewichten, die bei der Krafttestung ermittelt wurden, kann nun im weiteren Verlauf der Trainingsplanung gearbeitet werden.

Zum einen können diese Werte zur Berechnung der Trainingsintensitäten, beziehungsweise der Trainingsgewichte, des Makrozyklus genutzt werden. Zum anderen lässt sich ideal mit der Krafttestung der gemachte Trainingserfolg der Testperson dokumentieren: Indem man beispielsweise bevor man einen neuen Mesozyklus beginnt, eine solche Krafttestung macht und diese zur neuen Berechnung der Trainingsintensitäten nutzt.

Diese Dokumentierung kann im Idealfall, wenn eine Kraftsteigerung erzielt wurde, auch zu Motivationszwecken genutzt werden.

2 Teilaufgabe 2- Zielsetzung/Prognose

Tab. 3 Zielsetzung durch biometrische und sportmotorische Parameter

Ableitung von Zielen		
Inhalt	Ausmaß	Zeit
Körperfettreduzierung	-5cm Taillenumfang	2 Monate
Aufbau von Muskelmasse	+2kg Muskelmasse	4 Monate
Kraftsteigerung	+10kg Beinpresse im sitzen 45 Grad +5kg Langhantel Flachbankdrücken +5kg Rudern zum Bauch im Sitzen am Turm	4 Monate

Ein Wunsch der Testperson war Reduzierung des Körperfetts vor allem im Bereich des Bauches. Da es nicht möglich ist, gezielt an einer Körperpartie Körperfett zu verlieren, wurde das Ziel Körperfettreduzierung am ganzen Körper aus diesem Wunsch abgeleitet. Mit dem Ausmaß von minus fünf Zentimeter Taillenumfang in der Zeitspanne von 2 Monaten wird dieses Ziel messbar gemacht.

Da Körperfettreduktion nur mit einem Kaloriendefizit möglich ist, bekommt die Testperson für die geplante Zeitspanne des ersten Mesozyklus einen entsprechenden Ernährungsplan.

Das zweite Ziel ist der Aufbau von Muskelmasse. Da die Testperson vermehrt von Rücken- beziehungsweise Nackenschmerzen im Hals- und Brustwirbelsäulenbereich berichtet, soll vor allem der Aufbau von Muskelmasse, im Rücken, die Schmerzen verbessern. Verspannungen im Nacken oder Rückenbereich sind mutmaßlich auf zu wenig Bewegung im Alltag, durch vieles Sitzen in der Uni zurückzuführen.

Für dieses Ziel sind 4 Monate eingeplant, messbar gemacht wird dieses durch die Bioelektrische Impedanz Analyse (BIA-Messung) über eine entsprechende Körperwaage. Mit dieser Analyse lässt sich, unter anderem, auch die Muskelmasse bestimmen. Eingeplant sind innerhalb von 4 Monaten zwei Kilogramm Zunahme an Muskelmasse, durch Hypertrophie und Maximalkraft Mesozyklen sollte dies ein realistisches Ausmaß sein.

Das letzte Ziel der Testperson ist die Kraftsteigerung. Sie würde gerne beim Krafttraining mehr Gewicht bewegen können. Die Kraftsteigerung soll vor allem durch den Mesozyklus Maximalkrafttraining erfolgen. Insgesamt sind dafür aber auch 4 Monate eingeplant. Überprüfbar wird dieses Ziel durch drei ausgewählte Übungen. Bei der Übung: „Beinpresse im sitzen 45 Grad", soll eine Kraftsteigerung von 10kg erfolgen, beim „Langhantel Flachbankdrücken" eine Steigerung von 5kg und beim „Rudern zum Bauch im Sitzen am Turm" auch 5kg.

3   Teilaufgabe 3 - Trainingsplanung Makrozyklus

Tab. 4 Makrozyklus Trainingsplan Fortgeschrittene

	Mesozyklus I	Mesozyklus II	Mesozyklus III	Mesozyklus IV
Dauer	6 Wochen	6 Wochen	6 Wochen	8 Wochen
Trainings-methodik	Muskelauf-bautraining (extensiv)	Muskelaufbau-training (intensiv)	Maximalkraft-training (extensiv)	Kraftausdauer Training
Organisati-onsform	Station GK	Station GK	Station GK	Station GK
Häufig-keit/Woche	3	3	3	2-3
Übungen pro Muskel	1-2	1-2	1-2	1
Sätze/Übung	2	3	3	3
Intensität (vom X-RM)	70%	80%	90%	90 %
Wiederho-lungen	8-12	6-8	3-5	15-20
Satzpausen	90 Sekunden	90 Sekunden	3 Minuten	90 Sekunden
Bewegungs-tempo	2/0/2	2/0/2	3/0/1	2/0/2

Die Makrozyklusplanung umfasst hier sechs Monate. Diese sind unterteilt in vier Meso-zyklen mit einer Länge von, einmal acht Wochen und dreimal sechs Wochen.

Für den Mesozyklus der Testperson ist die Trainingsmethode der individuellen-Leis-tungsbild-Methode (ILB-Methode) ausgewählt worden.

Laut Eifler soll die „ILB-Methode für alle Trainings- bzw. Leistungsstufen anwendbar sein". (Eifler, 2013)

Die Belastungsintensität ist zu Beginn etwas geringer, so soll ein leichter Einstieg in die neue Trainingsplanung gelingen. Mit dem Fortlaufen des Makrozyklus werden die Inten-sitäten von 70% des X-RM-Tests auf 90% gesteigert. Vor jedem neuen Mesozyklus wird ein erneuter Mehrwiederholungskrafttest absolviert, die Wiederholungsanzahl wird dabei durch den nachfolgenden Mesozyklus bestimmt.

Bei der ILB Methode ist der ausschlaggebende Faktor der Intensitätssteuerung das Trainingsalter der Testperson. In diesem Fall ist die Testperson eine Fortgeschrittene, die über ein Jahr Krafttrainingserfahrung mitbringt. (Eifler, 2013)

Tab. 5 Grobraster zur Trainingsplanung nach der ILB-Methode (modifiziert nach Strack & Eifler, 2005, S. 153)

Leistungs-stufe	Zeitstufe (Monate)	Orga. Form	Häufig-keit/ Woche	Übun-gen/ Muskel-gruppe	Sätze/ Übung	Intensi-tät (%X-RM)
Orientie-rungs-stufe	0-1,5	GK	2	1-2	1-2	Gering
Beginner	1,5-6	GK	2	1-2	1-2	50-70
Geübte	6-12	GK	2-3	1-2	2	60-80
Fortge-schrittene	>12	GK/Split	3-4	1-3	2-3	70-90
Leistungs-trainie-rende	>36	GK/Split	3-6	1-4	2-4	80-100

Nach diesem Grobraster wurde der Makrozyklus Plan erstellt.

Die Makrozyklusplanung wurde auf drei Einheiten in der Woche ausgelegt. Die Testperson schilderte, dass sie gerne von zwei Mal die Woche auf drei Mal die Woche steigern würde. Bei der Organisationsform wurde in allen Mesozyklen ein Stationäres Ganzkörpertraining ausgewählt. Bei drei Einheiten in der Woche kann so das Prinzip der optimalen Relation zwischen Belastung und Erholung gesichert werden. Außerdem gibt es laut Wirth, Atzor und Schmidtbleicher (2007) den größten Anstieg der Muskelmasse bei zwei bis drei Trainingseinheiten pro Woche. Denn Anpassungseffekte brauchen genügend Erholungsphasen, damit Um- und Aufbauprozesse im Körper vollzogen werden können. (Fritz Zintl, 2013) In diesem Makrozyklus sind dementsprechend nach einer Trainingseinheit ein bis zwei Tage Pause eingeplant.

Da es sich bei der Testperson um eine Fortgeschrittene handelt, sind pro Muskelgruppe 1-2 Übungen eingeplant. Bei den großen Muskelgruppen wie Beine, Rücken oder Brust sind jeweils zwei Übungen im jeweiligen Mesozyklus geplant. Die kleineren Muskelgruppen wie Bauch, Schultern oder unterer Rücken werden mit einer Übung pro Trainingseinheit trainiert.

In dem ersten Mesozyklus werden zwei Sätze pro Übung ausgeführt, im zweiten, dritten und vierten Mesozyklus wird die Anzahl der Sätze auf drei gesteigert. Diese allmähliche progressive Belastungssteigerung, soll die Auslösung von Anpassungseffekten unterstützen. (Fritz Zintl, 2013)

Die Bestimmung der Belastungsintensität wurde so vorgenommen, dass im letzten Mesozyklus die höchste Intensitätsstufe erreicht ist. Im Vorfeld wurde die Intensität von 70% auf 80% gesteigert, ehe sie in den letzten 14 Wochen beim Maximalkrafttraining und Kraftausdauertraining bei 90% liegen soll. Durch diese progressive Belastungssteigerung der Intensität sollen weitere Anpassungseffekte entstehen.

Im ersten Mesozyklus soll für sechs Wochen Muskelaufbautraining (extensiv) betrieben werden. Dabei soll im Wiederholungsbereich von 8-12 Wiederholungen und mit einer Trainingsintensität von 80% trainiert werden.

Im zweiten Mesozyklus, sechs Wochen, wird mit einer Wiederholungsanzahl von 6-8 Wiederholungen trainiert, die Intensität erhöht sich auf 80%. In den beiden Mesozyklen des Muskelaufbautrainings soll es zum größten Zuwachs von Muskelmasse kommen.

Im dritten Mesozyklus, der auch eine Länge von sechs Wochen hat, soll Maximalkrafttraining in einer extensiven Form betrieben werden. Das bedeutet, die Testperson trainiert hier mit einer Intensität von 90% im Wiederholungsbereich von drei bis fünf Wiederholungen. Mit diesem Mesozyklus soll die größte Kraftsteigerung vonstattengehen.

Der Makrozyklus der Testperson hört mit einem Kraftausdauertraining von acht Wochen auf. Dieses besteht aus 3 Sätzen mit einer Wiederholungsanzahl von 15-20 Wiederholungen. Während des letzten Mesozyklus soll die Testperson an Körperfett verlieren.

Durch den stetigen Anstieg der Trainingsintensität und der Steigerung von zwei auf drei Trainingssätze einer Übung ist fest von einer Leistungssteigerung auszugehen. Dazu kommt noch die wechselnde Trainingsmethodik, bei der die Wiederholungsanzahl immer weiter verringert wird und somit bei einer Steigerung der Intensität, immer mehr Gewicht bewegt werden muss, wobei weitere Anpassungseffekte entstehen. (Wirth, 2007)

Die Periodisierung der Mesozyklen wurde so ausgewählt, dass es mit der Zielsetzung und den Wünschen der Testperson übereinstimmt.

In den Mesozyklen eins und zwei, in denen jeweils Muskelaufbautraining durchgeführt wird, sollen die größten Anpassungseffekte des Muskelaufbaus geschehen. Im letzten Mesozyklus, dem Maximalkrafttraining, ist das Ziel, die Kraft zu steigern. Während der Muskelaufbau und Kraftsteigerung gleichzeitig geschehen können, kann die Körperfettreduzierung nicht gleichzeitig mit dem Muskelaufbau stattfinden. Sodass im letzten Mesozyklus die Fettreduktion stattfinden soll, hier trainiert die Testperson mit einem Kraftausdauertraining. Während dieser Phase sollte die Person in einem Kaloriendefizit sein, damit es zur Körpeerfettreduktion kommen kann.

4 Teilaufgabe 4 – Trainingsplanung Mesozyklus

Tab. 6 Mesozyklus I

Zyklusdauer: 6 Wochen	Organisationsform: Stationäres GK
Spezifisches Trainingsziel: Muskelaufbau	Übungen pro Muskelgruppe: 1-2
Trainingseinheiten pro Woche: 3	Sätze pro Übung: 3
Intensität: 70% vom X-RM	Bewegungstempo: 2/0/2

Übung	Wiederholungen	Sätze	Pausen
Beinpresse im sitzen 45 Grad	10	3	90s
Ausfallschritt mit Kurzhanteln (statisch)	10	3	90s
Langhantel Flachbankdrücken	10	3	90s
Butterfly an der Maschine	10	3	90s
Freies Langhantel Rudern zum Bauch	10	3	90s
Latzug in den Nacken (am Turm)	10	3	90s
Bauchpresse an der Maschine	10	3	90s
Hyperextensions an der 45 Grad Schrägbank	10	3	90s

Der hier beschriebene Mesozyklus ist der erste des Makrozyklus, hierbei handelt es sich um einen extensiven Muskelaufbau Zyklus. Dieser besteht aus einem stationären Ganzkörpertraining mit 8 Übungen. Für die Muskelgruppen Beinmuskulatur, Brustmuskulatur und obere Rückenmuskulatur sind jeweils zwei Übungen eingeplant. Für den Bauch und den unteren Rücken jeweils eine Übung. Für die Muskelgruppen: Armmuskulatur und Schultermuskulatur wurden keine Übungen eingeplant die explizit nur diese Muskulatur trainieren. Diese Muskelgruppen werden zusammen mit der Brustmuskulatur, beziehungsweise Rückenmuskulatur, trainiert.

Da die Testperson keine Anfängerin ist, wurde der Mesozyklus nicht ausschließlich auf ein etwas leichteres Maschinen Training ausgelegt, sondern auf eine Mischung aus Freihantel- und Maschinentraining. Aus dem Aspekt des koordinativen Anspruchs, ist die etwas anspruchsvollere Freihantelübung immer zuerst, bevor dann die Übung an der Maschine folgt. Außerdem sind die mehrgelenkigen Übungen, aufgrund des Aspekts der Komplexität, vor eingelenkigen Übungen auszuführen, um eine Vorermüdung der Synergisten zu verhindern. (Bompa, 2005)

Ein Schwerpunkt von bestimmten Muskelgruppen ist in diesem Mesozyklus nicht vorgesehen. Da noch keine wirklichen Schwachstellen bekannt sind, werden erst einmal alle Muskelgruppen ausgeglichen trainiert. Im weiteren Verlauf des Makrozyklus ist es dann möglich, sich mehr auf einzelne Muskelgruppen zu konzentrieren, falls Schwachstellen auftreten.

Bei der Übungsauswahl dominieren die mehrgelenkigen Übungen, da diese mehre Muskelgruppen auf einmal beanspruchen. Dadurch kann mit mehrgelenkigen Übungen Zeit gespart werden. Ein weiterer Grund für den Einsatz von mehrgelenkigen Übungen ist, dass diese nicht nur die Kraft verbessern, sondern dazu noch Beweglichkeit und intermuskuläre Koordination trainieren. (Hois, 2006)

Die erste Übung des Mesozyklus ist die „Beinpresse 45 Grad im Sitzen", diese trainiert die Muskeln: Vierköpfiger Oberschenkelmuskel, Beinbizeps (zweiköpfiger Oberschenkelmuskel) und den Gesäßmuskel. Dabei arbeiten die Adduktoren und Rückenstrecker unterstützend. Die Beinpresse beansprucht dementsprechend die großen Muskeln im der Beinmuskulatur. Der Vorteil dieser Übung ist, die sichere Handhabung bei hohen Gewichten, im Gegensatz zu den „Kniebeugen mit der Langhantel".

Die zweite Übung für die Beinmuskulatur sind die „Ausfallschritte mit Kurzhanteln" (statisch). Trainiert werden dabei vor allem der vierköpfiger Oberschenkelmuskel und der

Gesäßmuskel, unterstützend wirkt dabei der Beinbizeps (zweiköpfiger Oberschenkelmuskel). Genau wie die Beinpresse sind die Ausfallschritte eine mehrgelenkige Übung und beanspruchen somit mehrere Muskelgruppen. Im Gegensatz zur Beinpresse sind die Ausfallschritte eine Übung die unilateral ausgeführt werden, Vorteil davon ist, dass dadurch keine Dysbalancen entstehen können. Ein weiterer Vorteil ist die alltagsnahe Bewegung.

Die Übungen für die Beinmuskulatur sind am Anfang des Makrozyklus platziert, da die Beinmuskulatur die größte Muskelgruppe, vom Muskelmasse Anteil, ist.

Als nächstes wird die Brustmuskulatur trainiert. Erste Übung ist das „Langhantel Flachbankdrücken", bei dieser mehrgelenkigen Übung werden vor allem die Brustmuskeln trainiert. Unterstützend hilft der Deltamuskel (vorderer Anteil) und der Trizeps (dreiköpfiger Oberarmmuskel). Da die Testperson schon fortgeschritten ist, kann auch eine komplexere Übung wie Bankdrücken ausgeführt werden. Vorteil hierbei ist, dass mit einer Übung gleich drei Muskelgruppen trainiert werden.

Nach dem „Bankdrücken" folgt die Übung „Butterfly an der Maschine". Bei der geführten Maschine, die vor allem für Anfänger geeignet ist, werden die Brustmuskeln trainiert, unterstützend arbeiten Unterarmmuskeln, Bizeps (zweiköpfiger Oberarmmuskel) und der Trizeps (dreiköpfiger Oberarmmuskel).

Die erste Übung für die Rückenmuskulatur ist das „freie vorgebeugte Langhantel Rudern zum Bauch". Diese anspruchsvollere Grundübung für den Rücken trainiert vor allem den Latissimus (breiter Rückenmuskel) dabei helfen Bizeps, Armbeuger, Deltamuskel, kleiner Rautenmuskel, großer Rautenmuskel, Untergrätenmuskel und der Trapezmuskel. Das „vorgebeugte Langhantel Rudern" sollten nur Fortgeschrittene machen, da bei falscher Ausführung, im Bereich der Rückenwirbel, die Verletzungsgefahr recht hoch ist. Die Übung wurde dennoch gewählt, da sie die gesamte Rückenmuskulatur trainiert, besonders aber den breiten Rückenmuskel, die hinteren Deltamuskeln sowie den Kapuzenmuskel.

Die zweite Übung für die Rückenmuskulatur ist der „Latzug in den Nacken am Turm". Diese mehrgelenkige Übung trainiert vor allem den Latissimus (breiter Rückenmuskel). Im Gegensatz zum klassischen Latziehen, beansprucht diese Übung stärker den Kapuzenmuskel, sowie die Rauten- und Rundmuskeln. Gewählt wurde diese Übung, da die Testperson eine leicht vorgebeugte Haltung hat, durch die Bewegung in den Nacken soll die Haltung aufgerichtet und die Schultern nach hinten gezogen werden.

Die Bauchmuskulatur wird in diesem Mesozyklus mit der „Bauchpresse an der Maschine" trainiert. Diese, nicht so komplexe Übung, trainiert den geraden Bauchmuskel und den pyramidenförmigen Muskel, unterstützend die schrägen Bauchmuskeln. Gerade für das Ziel, den Taillenumfang zu verringern, ist eine definierte Bauchmuskulatur wichtig.

Die letzte Übung des Mesozyklus trainiert den unteren Rücken. Die Übung „Hyperextensions an der 45 Grad Schrägbank" trainiert vor allem den Rückenstrecker, unterstützend wirken großer Lendenmuskel, Beinbizeps und der Gesäßmuskel. Diese Übung kann mit dem Körpergewicht ausgeführt werden, in diesem Mesozyklus soll diese Übung allerdings mit Zusatzgewicht ausgeführt werden, damit die 70% des X-RM bei 10 Wiederholungen erreicht werden.

5 Teilaufgabe 5 – Literaturrecherche zu den Effekten des Krafttrainings bei Rückenbeschwerden

5.1 Primärquelle II

Tab. 7 Effekte maschinengestützten Krafttrainings in der Behandlung chronischen Rückenschmerzes (Stephan, 2011)

Wer hat die Studie durchgeführt?	Schmidtbleicher, Goebel, Stephan
In welchem Jahr wurde die Studie publiziert?	2011
Welche Forschungsfrage wurde untersucht?	Es wird die Wirkung eines selbstständigen 6-monatigen apparativen Krafttrainings bei Personen mit Rückenschmerz im frühen Chronifizierungsstadium im Vergleich zu einer Warteliste-Kontrollgruppe untersucht. Vermutet wird, dass die Intervention zu einer Reduktion des Schmerz- und Beeinträchtigungserlebens führt.
Mit welchen Versuchspersonen wurde	74 Teilnehmer, davon 58 Personen in einer Trainingsgruppe und 16 Personen in der Kontrollgruppe.

die Studie durchgeführt?	Bei den Teilnehmern handelt es sich überwiegend um Personen mit Rückenschmerz im Chronifizierungsstadium 1 mit moderatem Schmerzniveau.
Wie sah der Versuchsaufbau der Studie aus?	Es absolvierten 58 Personen über 6 Monate 6 -mal monatlich ein halbstündiges maschinengestütztes Krafttraining. Die Warteliste-Kontrollgruppe beinhaltete 16 Personen. Zur Messung von Schmerz und Beeinträchtigung wurden initial, nach 3 und 6 Monaten die Schmerzskalen Pain Severity (PS), Effects of Pain (EP), eine numerische Ratingskala zur mittleren Schmerzintensität sowie der Oswestry Disability Index (ODI) eingesetzt. Effekte werden mittels Effektgrößen d und korrigierter Effektgrößen dkorr beschrieben
Welche relevanten Ergebnisse und Schlussfolgerungen lieferten die Studien?	Der Trainingszeitraum betrug durchschnittlich 24,5 (± 2,0) Wochen. Es wurde 1,6 -mal pro Woche trainiert). Am Ende der Intervention waren 20 Personen der Trainingsgruppe schmerzfrei, davon hatten vorher 9 mäßige/starke Schmerzen und 11 leichte/sehr leichte Schmerzen. In der Kontrollgruppe wurden 6 Personen schmerzfrei, von denen zuvor jeweils 3 über sehr leichte bzw. mäßige Schmerzen berichteten. Keine dieser, jetzt schmerzfreien Personen unterzog sich in der Interventionszeit einer medizinischen Behandlungsmaßnahme

5.2 Primärquelle II

Tab. 8 Rückenkraft, Fitness und körperliche Aktivität - Risiko oder Schutz vor Rückenbeschwerden? Ergebnisse einer Querschnittsuntersuchung (Köstermeyer, 2005)

Wer hat die Studie durchgeführt?	Köstermeyer, Abu-Omar, Rütten
In welchem Jahr wurden die Studie publiziert?	2005

Welche Forschungsfrage wurde untersucht?	In einer Querschnittsstudie wird die Bedeutung von Rückenkraft, körperlicher Fitness und Aktivität als Risiko- bzw. Schutzfaktor für Rückenbeschwerden untersucht.
Mit welchen Versuchspersonen wurde die Studie durchgeführt?	855 Studienteilnehmern aus 13 mittelständischen Betrieben. Studie, an der Angestellte und Arbeiter (53 % Männer, 48 % Frauen; Mittelwert Alter 40 Jahre; Standardabweichung 11 Jahre) mit überwiegend leichter körperlicher Tätigkeit teilnahmen.
Wie sah der Versuchsaufbau der Studie aus?	Es wurde insgesamt je ein logistisches Regressionsmodell mit den spezifischen signifikanten Prädiktoren für die „Auftretenshäufigkeit von Beschwerden im Lendenbereich und im Nackenbereich" sowie für die „Schmerzstärke im Lendenbereich und im Nackenbereich" berechnet. Die Regressionsmodelle geben über Odds Ratios die Ereigniswahrscheinlichkeit von Beschwerden und Schmerzen für jede Prädiktorvariable an.
Welche relevanten Ergebnisse und Schlussfolgerungen lieferten die Studien?	Im Ergebnis zeigt sich, dass Rückenkraft, Fitness und körperliche Aktivität als Schutzfaktoren vor Rückenerkrankungen differenziert zu betrachten sind. Mangelnde körperliche Fitness erweist sich als Risikofaktor für die Schmerzstärke im Lenden- (Odds Ratios (OR) 1,63) und Nackenbereich (OR 1,59) sowie die Häufigkeit von Nackenbeschwerden (OR 2,24). Ein höherer Umfang an intensiver körperlicher Aktivität erweist sich als Risikofaktor für die Schmerzstärke im Lendenbereich (OR 1,12). Für den Nackenbereich ergeben sich keine signifikanten Zusammenhänge. Eine schwache Rückenkraft stellt ein Risiko für die Häufigkeit von Lenden-(OR 1,87) und Nackenbeschwerden (OR 1,39) dar.

6 Literaturverzeichnis

Bompa, T. C. (2005). *Periodization Training for Sports*.

Eifler, C. (2013). Empirische Überprüfung der Effekte verschiedener Ansätze zur Intensitätssteuerung im fitnessorientierten Krafttraining.

Fritz Zintl, A. E. (2013). *Grundlagen, Methoden, Trainingssteuerung*. BLV Buchverlag.

Fröhlich, F. M. (1999). Überprüfung des Zusammenhangs von Maximalkraft und maximal Wiederholungsanzahl bei deduzierten und submaximalen Intensitäten. *Deutsche Zeitschrift für Sportmedizin*, 311.

Hois, Z. (2006). Grundlagen des mehrgelenkigen Trainings in Theorie und Praxis. *B& G Bewegungstherapie und Gesundheitssport*.

Köstermeyer, A.-O. R. (2005). Rückenkraft, Fitness und körperliche Aktivität -. *DEUTSCHE ZEITSCHRIFT FÜR SPORTMEDIZIN*.

McGowan, P. T. (2015). Warm-Up Strategies for Sport and Exercise: Mechanisms and Applications. *Sports Med*.

Stephan, G. S. (2011). Effekte maschinengestützten Krafttrainings in der Behandlung chronischen Rückenschmerzes. *Deutsche Zeitschrift für Sportmedizin*, S. 69.

Wirth, A. S. (2007). Veränderungen der Muskelmasse in Abhängigkeit von. *DEUTSCHE ZEITSCHRIFT FÜR SPORTMEDIZIN*, S. 178.

7 Abbildungs- und Tabellenverzeichnis

7.1 Tabellenverzeichnis

Tab. 1 Definition und Klassifikation der Blutdruckstufen (mm Hg) (Professor Dr. med. Hermann Haller, 2006; zitiert nach Wolfgang Piper, 2013, Kap. 1.4.1) 3
Tab. 2 Testergebnisse des Mehrwiederholungskrafttest (10-RM-Test) 5
Tab. 3 Zielsetzung durch biometrische und sportmotorische Parameter 6
Tab. 4 Makrozyklus Trainingsplan Fortgeschrittene 8
Tab. 5 Grobraster zur Trainingsplanung nach der ILB-Methode (modifiziert nach Strack & Eifler, 2005, S. 153) 9
Tab. 6 Mesozyklus I 11
Tab. 7 Effekte maschinengestützten Krafttrainings in der Behandlung chronischen Rückenschmerzes (Stephan, 2011) 14
Tab. 8 Rückenkraft, Fitness und körperliche Aktivität - Risiko oder Schutz vor Rückenbeschwerden? Ergebnisse einer Querschnittsuntersuchung (Köstermeyer, 2005) 15